Dorsten in alten Bildern · Paul Fiege

Dorsten in alten Bildern

Paul Fiege

Verlag Gronenberg

Herausgeber: E. H. Ullenboom
Grafik: Ute Peters
Reproduktion: E. Gronenberg, Gummersbach
Buchbinder: Berenbrock, Wuppertal
Druck: E. Gronenberg, Gummersbach
Copyright 1982 by: E. Gronenberg, Gummersbach

ISBN 3-88265-104-0

Vorwort

Nach dem Luftangriff der alliierten Streitkräfte vom 22. März 1945 wurden im Gebiet der heutigen Stadt Dorsten über 7000 Bombeneinschläge gezählt. In dem Inferno detonierender Bomben und Luftminen kamen rd. 400 Menschen ums Leben; über 700 Familien waren innerhalb von 6 Minuten obdachlos.

Das so liebenswerte Bild der Altstadt, in Jahrhunderten organisch gewachsen und gefügt, war in wenigen Minuten ausgelöscht. Zurück blieben riesige Trümmerberge und ein paar aus ihnen herausragende Ruinen. Vom Essener Tor konnte man nun frei und ungehindert bis zum entgegengesetzten Lippetor und vom Recklinghäuser Tor bis zum Westwall sehen.

Waren bei diesem Angriff auch die anderen Ortsteile nicht verschont geblieben, so erreichten jedoch hier die Zerstörungen nicht die Ausmaße, wie die im Zentrum der alten Hansestadt. Lediglich Wulfen, damals noch eine selbständige Gemeinde, war im Dorfkern so arg getroffen, daß von der altehrwürdigen Matthäuskirche und von einigen Häusern ihrer näheren Umgebung nur Ruinen und Trümmer übrig blieben.

Heute, fast vierzig Jahre nach Kriegsende, sind kaum noch Spuren der damaligen Zerstörungen und Vernichtungen erkennbar. Dorsten, das erstmalig im Jahre 890 als Siedlung schriftlich genannt wurde, zeichnet sich wieder durch ein neues und schönes Stadtbild aus.

Vielseitigen Wünschen entsprechend, daß über das neugeschaffene nicht das alte und historische Dorsten vergessen werden möge, ist dieser Bildband entstanden. Diesem Wunsche Rechnung tragend, erhielten bei der Auswahl die Bilder den Vorrang, die Ansichten wiedergeben, die es heute gar nicht mehr oder nur noch sehr verändert gibt.

Auf eine Sachordung ist in diesem Buch verzichtet worden. Der Leser wird vielmehr gebeten, sich von der Bildfolge leiten zu lassen und in Gedanken das alte Dorsten, jedoch in seinen heutigen Grenzen, zu durchwandern. Die eingestreuten Ausschnitte aus alten Heimatzeitungen werden dabei helfen, sich in alte zeit- und lokalgeschichtliche Ereignisse und auch ein wenig in die frühere Lebensweise zurückzuversetzen.

Vor Beginn des empfohlenen Rundgangs durch das alte Dorsten möchten Verlag und Verfasser aber erst noch all denen ein herzliches Dankeschön sagen, die durch Zurverfügungstellung von alten Fotos und Ansichtskarten oder durch andere Hilfeleistungen dazu beigetragen haben, daß dieses Buch überhaupt entstehen konnte.

Hier sind zu nennen:

Hans-Jürgen Drecker, Gladbeck

Ludwig Tüshaus, Deuten

Hans-Joachim Holz, Deuten

Carl Benno Pohl, Dorsten 1

Klaus Pass

DE-KO-WE Schürholz Teppichfabrik

Dorstener Drahtwerke Brune H.W. und Co. GmbH

Dorstener Maschinenfabrik AG

Heimatbund der Herrlichkeit Lembeck und Dorsten e.V.

Die Dienststellen der Stadtverwaltung Dorsten:

Amt für Stadtentwicklung und Öffentlichkeitsarbeit,

Kulturamt,

Stadtarchiv und Heimatmuseum.

Zum Vorwort:
Die brennende Altstadt nach der Bombardierung am 22. März 1945.
(Aufnahme der alliierten Luftstreitkräfte)

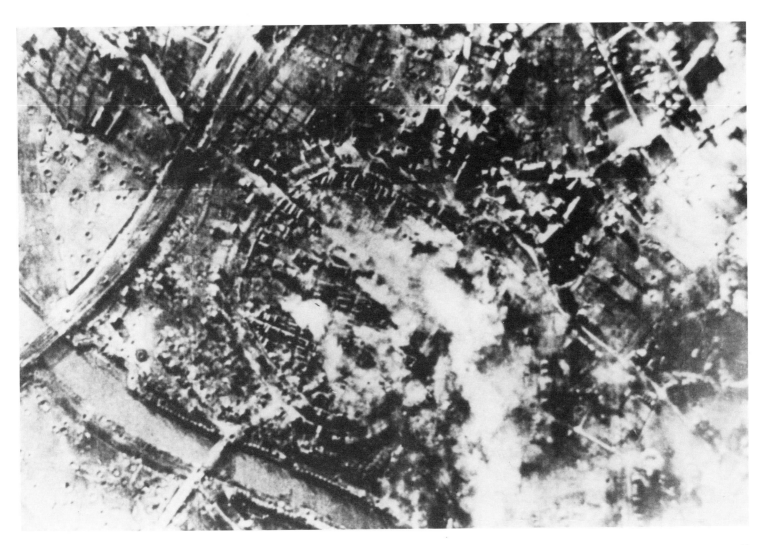

Auf dieser Luftaufnahme aus dem Jahre 1925 ist die Geschlossenheit des Marktplatzes, der ja bis zum Ende des 18. Jahrhunderts auch der Bürgerschaft als Forum und Versammlungsstätte diente, besonders gut erkennbar.

Nach den alten Statuten der Stadt (liber statutorum opidi Dursten) versammelten sich hier alljährlich am 27. Dezember alle Bürger, um den Rechenschaftsbericht des Rates der Stadt entgegen zu nehmen. Anschließend hatten die Mitglieder der sieben Gilden zu ihren „gesonderten Plätzen" zu gehen, um dort für jede Gilde zwei Gildemeister zu wählen. Diese vierzehn Gildemeister mußten dann, „noch vor der Hochmesse nüchtern zu den Ratskammern kommen, um getreulich und einträchtlich den Rat zu wählen, das sind zwei Bürgermeister und zwölf Schöffen".

Auf diesem Foto aus dem Jahre 1905 finden wir die in den alten Stadtstatuten genannten „Ratskammern" im zweiten Haus von links. Dieses Haus an der Westseite des Marktes, das Hotel „Schwarzer Adler", war nachweislich vom 14. Jahrhundert ab das Rathaus der Stadt. 1797 wurde es für 2500 Reichstaler an den Kaufmann, Schiffseigner und Schiffsbauer Wilhelm Timmermann (heute Firma R. Timmermann & Co., Inh. C. Isphording) verkauft.

Die Paraden der Schützen, wie hier eine um die Jahrhundertwende, aber auch die heutigen Altstadtfeste erinnern an die Zeiten, als der Markt wohl die einzige Versammlungsstätte für die Bürgerschaft war.

Das erste Haus von rechts ist das Geburtshaus der großen Dorstener Heimatdichterin Maria Lenzen (18.12.1814 — 11.02.1882).

Zeitungsausschnitt Dorstener Wochenblatt vom 18.3.1911:
— Beschluß der Stadtverordneten eine Straße nach Maria Lenzen zu benennen. —

Ansicht des Marktes um 1927 mit St. Agatha und der alten Stadtwaage, die 1567 erbaut, von 1797 bis 1902 als Rathaus genutzt wurde.

Die alte Stadtwaage (1567), rechts in der Funktion als Rathaus um 1900, links in ihrer ursprünglichen Verwendung.

Dorstens drittes Rathaus (1902 — 1924) an der Südseite des Marktes, das frühere Postgebäude (1881 — 1902). 1924 zog die Stadtverwaltung in das Gebäude des Gymnasiums am Westgraben, an der sogenannten Aula, ein.

Haus Hasselmann, an der Stelle der heutigen Kreissparkasse, beherbergte von 1920 bis 1929 einen Teil des Amtsgerichtes, das sich damals auf der Lippestraße befand.

Ein Blick vom Markt in die Wiesenstraße.

Die frühere Marktpumpe vor der Stadtwaage.

Ausschnitt aus Dorstener Wochenblatt vom 16.6.1900:

> *.* Dorsten, 14. Juni. Gelegentlich der heutigen „Pumpenkirmeß" machen wir auf unsere neue Marktpumpe aufmerksam, die eine Zierde des Platzes bildet.

Zu der im Zeitungstext genannten „Pumpenkirmes" ist folgendes zu sagen: Die Wasserversorgung der Bevölkerung bestand ursprünglich aus einem über die ganze Stadt verteilten Netz von Brunnen, an deren Stelle später die Wasserpumpen traten. Die Wasserentnahmestellen mußten von ihren Benutzern, den „Pumpennachbarn", selbst unterhalten werden. Jeder Nachbar hatte dazu einen festen finanziellen Beitrag zu leisten. Alljährlich am Fronleichnamstage versammelten sich die einzelnen Pumpennachbarschaften, die man auch Pumpengilden nannte. Nach Erledigung der üblichen Regularien, wie Entgegennahme des Kassen- und Geschäftsberichtes und Neuwahl der Vorsteher usw., feierte man dann ein großes Nachbarschaftsfest, eben Pumpenkirmes genannt, bei dem dann auch wohl häufig der noch vorhandene Kassenbestand verzehrt wurde.

Markttreiben um 1935.

Das Innere der Agathakirche, eines spätgotischen Hallenbaues des 15. Jahrhunderts, vom Turmeingang gesehen. (Foto etwa 1920)

Der wertvolle Hochaltar der Agathakirche, ein flämischer Schnitzaltar aus dem Jahre 1520, geöffnet. Obwohl er aus Sicherheitsgründen während des Krieges in dem mächtigen Turm der Kirche eingemauert war, verbrannte er dort infolge des Bombenangriffs am 22. März 1945.
(Das Foto ist aus dem Jahr 1923.)

St. Agatha, Südost-Ansicht.

Der gleiche Altar, geschlossen.
(Foto von etwa 1920)

Die Recklinghäuser Straße gegenüber der Agathakirche. Stolz tragen die Herren Primaner des Gymnasiums vor dem Hotel „Goldener Hirsch" ihre weißen Schülermützen.

Die Recklinghäuser Straße im Kreuzungsbereich der Suitbertus- und der Blinde Straße (heute Ursulastraße).

Unten links: Das Rensingsche Haus in der Blinde Straße. Hier wohnten bei ihren Aufenthalten in Dorsten die Dorstener Landesherren, die Kurfürsten von Köln.
Im Jahre 1906 eröffnete in diesem Haus die Essener Kreditbank, die später mit der Deutschen Bank fusionierte, eine Niederlassung.

Unten rechts: Das nördliche Ende der Blinde Straße. 1927 erfolgte hier der Durchbruch zum Ostwall. Die Straße hörte auf, eine blinde Straße (eine Sackgasse) zu sein.

Die Westseite des Ursulinenklosters um 1905.

Die Lippestraße mit dem 1436 erbauten früheren Torhaus, einem Rest des Torpfeilers des früheren inneren Stadttores und der ehemaligen Torwache. Torhaus und Torwache wurde 1906 abgerissen.

Das Velten'sche Haus an der Stelle des heutigen Wilma-Gebäudes. Es war das erste Haus, das vor 1822 außerhalb der Stadtmauern gebaut wurde. Der Bauherr war der angesehene Schiffsbauer Leygraf.

Die alte Lippebrücke mit dem Brückenwärterhäuschen. Der Brückenwärter hatte von allen die Brücke Passierenden das Brückengeld für die Stadt zu kassieren.

Rechts:
Das Lippetor um 1910.

Links:
Das alte Gerichtsgebäude in der Lippestraße. Von 1830 bis 1849 waren hier untergebracht das königlich-preußische Land- und Stadtgericht, von 1849 bis 1851 die sogenannte Gerichtsdeputation, von 1851 bis 1879 das Kreisgericht und von 1879 bis 1929 das Amtsgericht.

Haus Drolshagen an der Ecke Lippestraße/Hühnerstraße um 1930.

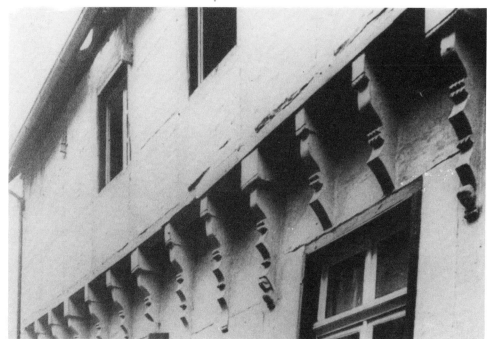

Von der Lippestraße aus werfen wir einen kurzen Blick in das Gäßchen „Im Kühl". Auf diesem Foto von etwa 1930 erkennen die alten Dorstener eines der früheren Dorstener Originale, Frau Hucke, wieder. Die alte Huck'sche, wie sie allgemein genannt wurde, sorgte mit Besen und Kehrblech für die Sauberkeit der Straßen. Die damals noch reichlich anfallenden „Roßäppel" kehrte sie zusammen und mit ihrem Handwagen führte sie diesen Naturdünger dann seinem Zweck zu.

Die Lippestraße zwischen der Hühnerstraße und der städtischen Turnhalle an der früheren Klosterstraße. Auf welches festliche Ereignis wartet man hier?

Der Abschnitt der Lippestraße, der parallel zur früheren Klosterstraße verlief, in nördlicher Richtung.

Der Drubbel mit dem Franziskanerkloster.

„Paters Gäßchen"

Links:
Inneres der spätgotischen Franziskanerkirche.
Rechts:
Die Weihnachtskrippe

Die 1951/52 wiederaufgebaute Kirche und das neue Klostergebäude der Franziskaner. Beide Gebäude wurden 1977 aus wirtschaftlichen Gründen abgerissen. An ihrer Stelle stehen heute das Kaufhaus Woolworth und die nun wesentlich kleinere Kirche und das Kloster.

Mit diesem und dem nächsten Bild wurde aus wohl verständlichen Gründen eine Ausnahme von der zeitlichen Begrenzung dieses Bildbandes mit der Zerstörung Dorstens gemacht.

Inneres der 1951/52 wiederaufgebauten Franziskanerkirche.

Bevor wir uns der Essener Straße zuwenden, werfen wir noch einmal einen Blick auf den Markt. Wir schreiben etwa das Jahr 1934. Im Gegensatz zu der gleichen Ansicht auf Seite 10 hat sich an der Südseite des Marktes einiges geändert. Das Haus der Buchhandlung Overmeyer und das ehemalige Postgebäude/Rathaus sind im Kaufhaus Schürholz aufgegangen.

Ein Blick vom Markt in die Essener Straße um die Jahrhundertwende. Sind es Manövertruppen, die in Dorsten einmarschieren, oder ist es eine Abordnung der kaiserlichen Armee, die von den Einweihungsfeierlichkeiten des Germania-Denkmals am Essener Tor zurückkehrt?

Am Verbrannten Platz. Den Namen verdankt dieses kleine Gäßchen, das an der Essener Straße gleich hinter Kohle lag, einer Begebenheit aus dem Siebenjährigen Krieg: 1761 eroberten die Hannoveraner in dreitägigen blutigen Straßenkämpfen und nach vorausgegangener Artilleriebeschießung die Stadt von den Franzosen. Bei diesem Gefecht wurden 30 Häuser und 9 Scheunen am Markt und in seiner nächsten Umgebung ein Raub der Flammen.

Der nördliche Teil der Essener Straße in Richtung Marktplatz um 1900.

Die Essener Straße vom Westgraben bis zum Markt um 1935.

Ein Blick vom Essener Tor ins Stadtinnere um 1910.

Die Rückseite des einzigen noch vorhandenen Wehrturms der früheren Stadtmauer im Westgraben. Ursprünglich waren es 20 Türme in der Mauer, die weit in den mit Wasser gefüllten Stadtgraben hineinragten. Sie ermöglichten die Einsicht in das gesamte Umland und verhinderten gleichzeitig etwaige tote Winkel bei der Verteidigung der Stadt. Rechts neben dem Turm das Richarz'sche Haus mit dem früher so typischen angebauten „Häuschen", dem Abtritt.

Der „Castra" genannte Überbau von den Wirtschaftsgebäuden des Franziskanerklosters über die „Aula" zu „Paters Garten". Aula hieß der Teil des Westgrabens, der von 1642 bis 1924 den Schülern des Gymnasiums den Schulhof ersetzen mußte.

Der Falt zur Rückseite des Hauses Drecker am Markt, nach einem Aquarell von Urban Drecker († 1982). Diese Stichstraßen zu den Höfen der Geschäftshäuser an den Hauptstraßen nannte man Falt. Das Wort entstammt dem Mittelniederdeutschen. Valt = Hofraum, Hofplatz.

Eine Zeichnung des früheren Pesthauses an der Ecke Westgraben/Im Kühl. Der Überlieferung nach diente das Haus in ältester Zeit wirklich zur Aufnahme und Pflege von Pestkranken. 1843 wurde dann das Haus der Vorläufer des Elisabeth-Krankenhauses; in dem hier vier junge Dorstener Frauen mit der Pflege kranker und armer Mitmenschen begannen. Nach Fertigstellung des Krankenhauses im Jahre 1854 konnten sie, die inzwischen dem Orden der Franziskanerinnen beigetreten waren, mit ihren Mitschwestern dort ihren Pflegedienst fortsetzen.

Das erste Gebäude des Gymnasiums von 1642 (heute Dekanatshaus) und das „neue" Gymnasium, das 1901/1902 erbaut wurde. Das letztere war ab 1924 Dorstens viertes Rathaus.

Nördlicher Teil des Westgrabens um 1930.

„Große Wäsche" an einer der öffentlichen Pumpen im Ostgraben.

Ostgraben / Ecke Kappusstiege, Kinder beim Reigenspiel um 1928. Das Eckhaus ist das bekannte Seidenmannsche Haus.

Südlicher Teil des Ostgrabens mit Turm der evangelischen Johanneskirche um 1930.

Am Recklinghäuser Tor um 1910. Ganz rechts im Bild eine der bekannten Selterswasserbuden von Louis Rave. — Die Selterswasserflaschen von damals hatten einen bauchigen Hals, in dem sich eine gläserne Kugel von etwa 17 mm Durchmesser befand. Obwohl Louis auf sein Leergut sehr gut aufpaßte, besaßen wir als Kinder immer wieder diese begehrten Kugeln, die sich zum Knickern (Murmel) so gut eigneten.

Die Südseite der Recklinghäuser Straße. Vorne links das Haus des sehr tüchtigen Fotografen Klanneitz. Etliche der älteren Bilder dieses Buches dürften einmal von ihm gemacht worden sein.

Die Suitbertusstraße in Richtung Recklinghäuser Straße. Die früher auch in den Schulen gelehrte Meinung, die Straße wäre nach dem hl. Suitbertus benannt, der hier auch ein Wunder erwirkt habe, ist falsch. Bereits 1860 hat Dorstens namhaftester Geschichtsforscher, Theologie-Professor Evelt, nachgewiesen, daß der hl. Suitbertus nie in Dorsten gewesen ist. Die Straße hieß auch ursprünglich Swiberts Markt.

Der Falt im Südgraben, der zum Hotel Schlenke führte.

Westlicher Teil des Südgrabens. Links die Einmündung der Gordulagasse. Die Auffassung, die Gasse sei nach der hl. Cordula benannt, ist falsch. Es war früher die Gollegasse = die Goldgasse, in der die Goldschmiede ihr Handwerk betrieben.

Das Elisabeth-Krankenhaus am Westwall um 1920. Das rechts vom Krankenhaus zurückliegende Gebäude ist das frühere Anna-Stift, welches 1927 zur Kirchhellener Allee verlegt wurde.

Blick vom Krankenhaus auf den bereits auf Seite 33 genannten Wehrturm in der Stadtmauer, der hier noch als Garten- und Gerätehaus genutzt wird. Links am Bildrand die frühere Belvedere der Familie de Weldige-Cremer, in der Bildmitte die Südseite der Franziskanerkirche.

Der 1925 nach Plänen des Düsseldorfer Architekten Kreis und des Gartenarchitekten Buerbaum, einem gebürtigen Dorstener, zur Gedächtnisstätte umgestaltete Stadtmauerturm.

Links:
Das legendäre Mordkreuz an der Stadtmauer bei der Gedächtnisstätte. Ursprünglich stand das Kreuz links am Fuße der Auffahrt zur „Hohen Brücke" an der Feldhausener Straße. Gegen Kriegsende ist es hier angefahren worden und zerbrach dabei. Nach Wiederzusammenfügung der beiden Teile wurde es im nördlichen Teil der Anlage an der Gedächtnisstätte am Westwall aufgestellt. Das untere herausgemeißelte Kreuz befand sich früher in der Erde. Die Legende sagt, daß sich an der Stelle des früheren Standortes einmal zwei Studenten duelliert und gegenseitig dabei umgebracht haben.

Rechts:
Der Durchgang vom Westwall zum Paters Gäßchen um 1930.

Westwall mit Belvedere und dem alten Durchgang zum Paters Gäßchen um die Jahrhundertwende.

Dorstener Wochenblatt vom 8.4.1905.

§ Dorsten, 6. April. An einem der letzten Tage, im Dunkel der Nacht, geriet ein hiesiger Bürger in eine recht unangenehme Lage, indem er mit unserem, bekanntlich mit Schlamm gefüllten Wallgraben in nähere Beziehungen trat. Zwei Anwohner, welche nach geraumer Zeit auf den Vorfall aufmerksam wurden, zogen den fast bis zum Halse im Schlamm Versunkenen heraus und befreiten ihn somit aus dieser üblen Lage.

Die Westseite des Westwalls zwischen der heutigen Klosterstraße und dem Lippetor um 1910.

Westwall, Reste eines achteckigen Stadtmauerturms am nördlichen Teil der ehemaligen Stadtmauer.

Eine Fronleichnamsprozession auf dem Ostwall. Eine der seltenen Aufnahmen, auf denen das Gerichtsgefängnis zu sehen ist. In ihm kamen bei der Bombardierung am 22. März 1945 die Gefangenen, darunter viele Wehrmachtssoldaten, in den Flammen um. Die verschlossenen Gitter versperrten ihnen den Rettungsweg nach draußen.

Der Ostwall mit dem bischöflichen Knabenkonvikt Carolinum.

Wer würde in dem hellen Gebäude das noch heute stehende Krietemeyersche Haus am Ostwall erkennen?

Der sogenannte Hexenturm am Ostgraben. Der Name ist eigentlich unerklärlich, weil es in Dorsten nie Hexenjagden und auch keine Hexenprozesse gegeben hat. Allerdings mußte der Dorstener Rat einmal auf Weisung der hohen Obrigkeit zwei Frauen wegen des Verdachtes der Hexerei in Gewahrsam nehmen. Ob diese beiden Frauen hier vielleicht vorübergehend festgehalten wurden ist nicht bekannt. Das könnte aber eine Erklärung für die Bezeichnung des früheren Turmes sein.

Die frühere Straße zur Güterabfertigung, heute ein Teil der Vestischen Allee, um 1920.

Die gleiche Partie um 1932.

Die evangelische Johanneskirche vom Bahnhof aus gesehen.

Unten links:
Der Südwall mit der evangelischen Johanneskirche, der Kreis- und Stadtsparkasse, dem Gesellenhaus und dem Riveschen Haus um 1920.

Die Kreis- und Stadtsparkasse im Jahre 1927.

Der 1911 geschaffene Durchbruch der Suitbertusstraße zum Südwall.

„Geißlers Garten" gegenüber der Post und der Druckerei Weber, heute Hülswitt GmbH, um 1930.

Eine Ansichtskarte mit „besonderer Note".

Die Alleestraße (heute Kirchhellener Allee) mit dem Germania-Denkmal vor dem Hause Krüskemper.

Die „Germania", das 1896 errichtete Denkmal zur Erinnerung an die Gefallenen der Kriege 1864 und 1870/71.

Ausschnitt Dorstener Volkszeitung vom 25.4.1911:

Schulze: What is dann nu an de Eiche Purle los? Häbt se ne niee Germania dohenn gestalt?
Müller: Nä, det is de olle; se häbt se mer bloß niet bronziert; weste, de Dössienschen sind proper; den ollen Gräunspahn geselt är nich.

Das Essener Tor um 1910.

Notgeldschein der Stadt Dorsten von 1925. Der damalige Zeichenlehrer des Gymnasiums, Franz Wolf, hat auf diesem Notgeldschein ein bedeutungsvolles stadtgeschichtliches Ereignis am Essener Tor zeichnerisch dargestellt: Am 28. Februar des Jahres 1588 wollte Philipp von Oberstein in Dorsten den reformierten Glauben mit Gewalt einführen. Er belagerte die Stadt und forderte sie zur Übergabe auf. Trotz der Drohung, er werde bei Ablehnung seiner Forderung die Stadt angreifen, und hierbei weder Frauen noch Kinder schonen, lehnte der Rat die Kapitulation ab. In dem nun folgenden Kampf hatten Phillipps Söldner bereits das äußere Essener Tor mit der darauf befindlichen Windmühle eingenommen. In dieser höchsten Not griffen die Dorstener Frauen in das Kampfgeschehen ein. Nachdem das Innen- und das Falltor mit beladenen Mistkarren verstärkt worden war, schleppten sie mit den Knechten und mit Kindern Steine, heißgemachtes Pech und aus den Bräuhäusern kochendes Wasser herbei; die Überlieferung spricht auch von Bienenkörben. Mit diesen seltsamen Waffen wurde dann der Feind überschüttet, der schließlich die Flucht ergriff. Die Erinnerung an diesen „Sieg der Dorstener Frauen" wurde noch bis 1771 alljährlich festlich begangen.

Die Gahlener Straße. Noch hatten die Bürger Kühe. Man sieht's!

Die Gahlener Straße mit Ansicht des Elisabeth-Krankenhauses um 1920.

Die gleiche Ansicht um 1929.

Hochwasser der Lippe an der 1857 erbauten Ölmühle.

Ausschnitt aus dem Dorstener Wochenblatt vom 22.9.1908 und vom 29.4.1886:

Bienenhonig
in Waben kaufen zu guten Preisen jedes Quantum. Körbe werden sofort entleert zurückgegeben.
Gebr. Müller A.-G.,
Dorsten, Oelmühle.

Jugendliche Arbeiter
von 14–16 Jahren finden dauernde Beschäftigung.
Cementwaarenfabrik „Merkur"
Dorsten-Oelmühle.

Eine alte Ansichtskarte von der Hardt, die bis 1929 zur Gemeinde Gahlen gehörte.

Oben: die Pestalozzischule.

Mitte: die Dorstener Straße (jetzt Gahlener Straße) im Bereich des Lebensmittelgeschäftes Köpper und der Bäckerei Kleinespel.

Unten: das Kohlhaus.

Die zur Lippe gelegene Seite (Nordseite) des Kohlhauses. Über der Haustür des vor einigen Jahren abgerissenen Hauses befand sich ein Stein mit der Inschrift: „Im Jahr des europäischen Friedens 1767, bin ich unter der Regierung Friedrich des Großen durch den westphälisch-preußischen Provinzbaumeister F. Wauters errichtet worden." Friedrich der Große hatte das Haus erbauen lassen, um hier die auf seinem Territorium (Dorsten gehörte noch zum Kurfürstentum Köln) in der Graftschaft Mark geförderte Kohle verschiffen zu können. Für den Landtransport der Kohle wurde damals der „Dorstener Kohleweg" von Bochum zum Kohlhaus (heute Teile der B 224 und der B 226) gebaut.

Ein Blick vom früheren Kaffeerestaurant Föste auf dem Hardtberg nach Holsterhausen zur Antoniuskirche und zum Wasserwerk.

Wincks Mühle am Alten Postweg, die bedauerlicherweise vor einigen Jahren abgerissen worden ist.

Das Amtsgericht kurz nach der Fertigstellung im Jahr 1929.

Wegekreuz am Nonnenkamp. Der relativ kleine Korpus stammt von einem früheren Vortragekreuz der Agathakirche. Das Kreuz, das nach alten Karten früher unmittelbar an der alten Poststraße (später Grenzstraße, heute Clemens-August-Straße) gestanden hat, war vermutlich die Stelle, wo die Versorgungsgüter für die im benachbarten „Seikenkotten" untergebrachten Leprakranken abgelegt wurden. Nach damaliger Auffassung wurde ja jeder direkte Kontakt mit den Kranken vermieden.

Die Siechenkapelle. Sie war früher direkt am Siechenhaus angebaut. 1945 wurde auch sie total zerstört. Nur das alte Glöckchen mit der Aufschrift: „Deo ET MARIAE SUBB Nolten Rectore AD GELLV BEI DURSEN anno 1673" blieb erhalten und ziert auch heute wieder das Dach des neuerrichteten Kapellchens.

Kreuzigungsgruppe von 1721 beim Gehöft Hoffterheide am Philosophenweg.

Die letzten drei Bilder haben uns in ihrer Folge auf einen Teil der alten fürstbischöflichen Postlinie von Münster über Dorsten und Mülheim nach Köln hingewiesen.

Hülsdünkers Mühle um 1930.

Paechnatz Kotten in der Feldmark II, an dem östlich von der Gladbecker Straße gelegenen Teil der Straße Auf dem Beerenkamp, war vor dem ersten Weltkrieg ein beliebtes Familien-Ausflugsziel.

Die alte Schule in Grävingheide, bzw. Altendorf-Ulfkotte. Das Gebäude, ursprünglich ein Schafstall, wurde 1710 für Schulzwecke umgebaut.

Die Schützenkette der Schützen von Altendorf-Ulfkotte. Der viereckige silberne Schild wurde 1652 von dem damaligen Kurfürsten Maximilian von Köln gestiftet. Die Abbildung dieser Kette möge als symbolischer Hinweis auf die in allen Ortsteilen vorhandenen Schützenvereinigungen verstanden werden. Der geschichtlichen Entwicklung der Stadt entsprechend, sind die Schützen der Altstadt am frühesten nachweisbar, nämlich 1382. Allerdings ist es auch bei ihnen zur Bildung festerer Organisationsformen wie Schützengilden wohl erst im 15. Jahrhundert gekommen.

Die Rapphofmühle in Altendorf-Ulfkotte um 1930.

Aus dem Amtsblatt der Regierung zu Münster:

Dorstener Sportförderung im Jahre 1831!

Der Platz hat wohl in der Nähe der Hasselbecke, im heutigen Bereich des Galgenhofes und der Stadtgärtnerei, gelegen.

Bekanntmachung des Königl. Provinzial-Schul-Kollegiums.

239) Für das Progymnasium zu Dorsten ist durch die ehrenwerthen Bemühungen des Vorstandes und der Lehrer schon im Herbst 1830 ein Platz in der Nähe der Stadt, frei und hoch gelegen, und auch sonst wohl geeignet, zu gymnastischen Uebungen eingerichtet und mit den erforderlichen Geräthschaften versehen worden. Die Jugend hat unter beständiger Leitung der Lehrer in den schulfreien Nachmittagen während dieses Jahres dort Uebungen in angemessener Stufenfolge angestellt. Wir fühlen uns verpflichtet, dieses nachahmungswerthe Beispiel zur Kenntniß des Publikums zu bringen.

Münster, den 19. Juli 1831.

Die Einrichtung eines Platzes zu gymnastischen Uebungen bt. 1176. S.

Die Dorstener Drahtwerke um 1922. An der gleichen Stelle befand sich früher die Barloer Mühle, die 1452 nachweislich der Stadt gehörte. 1838/40 wurde sie zu einer Papierfabrik umgebaut. 1921 trat dann an ihrer Stelle die Drahtfabrik.

Das Lehrerseminar (1906 — 1924) an der Bochumer Straße, das dann bis 1982 dem Gymnasium Petrinum als Unterkunft diente.

In der 1911 erbauten evangelischen Schule an der Bochumer Straße befand sich bis zum 2. Weltkrieg die Dorstener Jugendherberge.

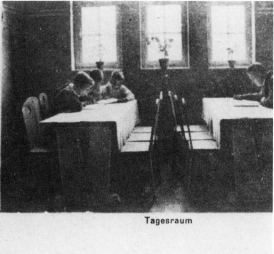

Die Bahnunterführung an der Vestischen Allee, wie sie noch im Jahre 1925 ausgesehen hat.

Übers Ennewälken sind wir bei den Schiffsbauern im Lippetal angekommen. Auf dem Foto einige der letzten Schiffsbauer. Von links nach rechts: Wilhelm Albers, Fritz Tenderich und Josef Koop, (im Boot sitzend, Grete Freitag).

Eine Stellung, so wurden die Dorstener Schiffsbauwerkstätten genannt, im Lippetal. Noch in den zwanziger Jahren reihte sich so Stellung an Stellung im Lippetal, obwohl bereits in der zweiten Hälfte des 19. Jahrhunderts der einst so blühende Dorstener Schiffsbau zur Bedeutungslosigkeit herabgesunken war.

Ein „Dorstener Flieger" ist fertiggestellt.

Die „Dorstener Aak", Länge 39 m, Breite 5,80 m, ein Schiffstyp für flache Gewässer. Dieses Schiff war am Niederrhein, in Belgien und besonders in Holland sehr gefragt und wurde selbst am Neckar nachgebaut. Foto des Modells aus dem Dorstener Heimatmuseum.

Das „Dorstener Schiff", 32 m lang, 6 m breit, 2 m hoch. Auch ein einmal sehr begehrter Schiffstyp aus Dorsten. Foto einer alten Bauzeichnung des Schiffes.

Dem Fahrenden Volk wurde bei seinen Aufenthalten in Dorsten im Lippetal ein Platz mit beschränkter Verweildauer zugewiesen.

DAS SCHMERZENSKIND DES VERSCHÖNIGUNGSVEREINS.

vom Lippetal in Dorsten.

Die Westseite der alten Lippebrücke.

Die Lippebrücke wird von der neuen Kanalbrücke verängt (1927).

Die fertiggestellte Kanalbrücke. Die vorsorglich miteingebauten Straßenbahnschienen sind nie genutzt worden. Die Straßenbahnlinie Recklinghausen-Marl-Dorsten, 1921 bis 1960, die einmal bis zum Bahnhof Hervest-Dorsten durchgehen sollte, endete bis zum Schluß am Recklinghäuser Tor.

Ein Schinkengruß aus Westfalen. Der gutgemeinte Vers regt uns heute zum Schmunzeln an.

Eine Schiffsbaustellung vom Nordufer der Lippe aus gesehen. Auf dem im Sommer nur wenig Wasser führenden Fluß liegt eine gerade fertiggestellte Fähre.

Ein Blick vom Nordufer der Lippe auf die Altstadt und die Holzbrücke mit ihren vorgebauten Eisbrechern.

Partie an der Lippebrücke

Wirkten im vorherigen Bild die Eisbrecher wie überflüssiges Spielzeug, so verdeutlicht dieses Bild wie notwendig sie bei Hochwasser und Eisgang waren. Trotz des Schutzes durch die Eisbrecher, die noch mit dickem Eisen verstärkt waren, sind doch verhältnismäßig häufig Teile der Brücke bei Hochwasser und Eisgang abgetrieben worden. Die dann erforderliche Wiederinstandsetzung der Brücke forderten jedesmal große finanzielle Opfer von der Stadt.

Mit diesem Bild und den nächsten drei Ansichten soll einmal gezeigt werden, wie sehr sich die Nordansicht Dorstens von 1641 bis 1910, also ohne Berücksichtigung der Änderungen während der letzten 70 Jahre, gewandelt hat.

Die Nordansicht der Festung Dorsten nach einem Stich von Matthäus Merian aus dem Jahre 1641.

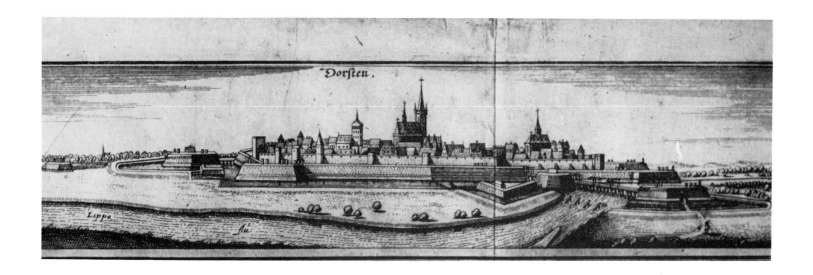

So sah ein unbekannter Zeichner 1699 den Norden Dorstens. Aus der trutzigen Festung des Jahres 1641 ist inzwischen ein biederes Landstädtchen geworden.

Adolphine von Wieck zeichnete 1821 als sechzehnjährige Schülerin diese Ansicht der Stadt von der Nordseite. Zu der Zeichnung ein paar kurze Erläuterungen:

In der Baumgruppe am linken Bildrand sind Schiffsbaustellungen erkennbar. Die schmale Brücke über den Fluß ist eine Behelfsbrücke, denn 1813 hatten die Bürger auf Befehl der rückflutenden Truppen Napoleons die festere Brücke abreißen müssen. Erst 1826 konnte die Stadt wieder eine stabilere Brücke bauen. In der Mitte des Flusses befindet sich die bereits 1489 schriftlich erwähnte städtische Ponenmühle. Das Segelschiff weist auf den kleinen Hafen der Stadt hin. Der fremd anmutende Turmhelm von St. Agatha ist der nach dem Turmbrand von 1719 wiedererrichtete. Den bekannteren Turmhelm mit Umgang, wie ihn die älteren Bürger noch in Erinnerung haben, wurde erst 1883 errichtet.

Dorstens Nordansicht um 1910

Maria Lindenhof, Krankenanstalt für Epileptiker, etwa um 1905. 1887 begannen die barmherzigen Brüder von Montabaur ihren Pflegedienst in der ehemaligen Villa des Sägewerksbesitzers Reischel. 1891 wurden die ersten großen Erweiterungsbauten in Nutzung genommen.

Zeitungsausschnitt Dorstener Wochenblatt vom 27.11.1886.

Eine Luftaufnahme von Maria Lindenhof etwa aus dem Jahr 1925. Im Vordergrund ist die ehemalige Villa Reischel gut erkennbar.

Die kurz vor dem Ersten Weltkrieg bebaute Gartenstraße.

Die Zeche Baldur um 1911, als dort die erste Kohle gefördert wurde.

Die gleiche Zeche in den zwanziger Jahren.

Neben dem damaligen Röchlingschen Eisenwerk bestand auch noch von 1911 bis 1914 im Westen Holsterhausens ein Keramikwerk.

Eine alte Ansicht des Innenhofes von Haus Hagenbeck.

Luftaufnahme des Dorfkerns von Holsterhausen um 1920.

Die alte Holsterhausener Kirche mit der Kriegergedächtnisstätte um 1927.

1443 erhielt Holsterhausen auf Betreiben von Wennemar von Heiden, dem Gatten der Woltera von Hagenbeck, die Pfarrechte. Die bereits bestehende, dem hl. Antonius geweihte Kapelle wurde damals durch den Anbau des Chores erweitert.

Wir sind im Gebiet des ehemaligen kleinen und großen Hohen Feld angelangt. Es sind die Fluren, wo im ausgehenden 1. Jahrhundert die Siedlung Durstina (später Dorsten) entstanden ist. Gleichzeitig ist es auch das Gebiet, in dem Dorstener Bürger die ersten Industriebetriebe gründeten.

Hier ein Bild der Teppichfabrik Schürholz um 1937.

In den Jahren 1846 — 1849 errichteten an dieser Stelle Reischel und Eveldt eine Kattunfabrik mit chemischer Bleicherei, Nesselfärberei und Druckerei. 1885 ging dann aus diesem Betrieb die Teppichfabrik Stevens und Schürholz hervor.

Die Dorstener Eisengießerei und Maschinenfabrik, 1873 durch Josef Rive, Christian Evelt und Ferdinand Jungeblodt gegründet, auf einem alten Briefkopf der Fabrik.

Der Bahnhof Hervest-Dorsten noch an der großen Transitstrecke Hamburg - Münster - Haltern - Wesel - Amsterdam (1874) gelegen. Ab 1879 kreuzten hier diese Strecke die Bahnlinie Duisburg - Oberhausen - Rheine und ab 1880 die Eisenbahn Wanne - Winterswyk.

Die Marienkirche in Hervest-Dorsten, erbaut 1909.

Das Forsthaus Freudenberg, in der ersten Hälfte des vergangenen Jahrhunderts als Neu-Tüshaus errichtet, in den zwanziger Jahren.

Der einzige im Stadtgebiet noch vorhandene Meilenstein gegenüber dem Forsthaus Freudenberg. Er erinnert daran, daß die heutige B 58 einmal auf Befehl Napoleons gebaut wurde und ein Teil der damals geplanten kürzesten Verkehrsverbindung Paris — Hamburg war.

1925, von Mai bis September gab es in der Nähe des Freudenbergs einen Flugplatz der Luftverkehrsgesellschaft Ruhrgebiet AG.

Das alte Schulgebäude in Deuten, in dem 1854 die selbständig gewordene Schulgemeinde Sölten/Deuten ihren Anfang nahm.

Der Entwurf der Herz-Jesu-Kirche in Deuten des bekannten Kirchenbauarchitekten Dominikus Böhm aus Köln. Die Kirche, im Kriegsjahr 1943 geweiht, löste die 1920 errichtete Barackenkapelle ab, in der bis dahin die Dorstener Franziskaner sonntags den Gottesdienst abhielten.

Grabstätte gefallener Soldaten des Zweiten Weltkrieges im Eichenwäldchen bei der Deutener Kirche. Während der fünfziger Jahre wurden die sterblichen Überreste der Toten zum Soldatenfriedhof nach Holsterhausen überführt.

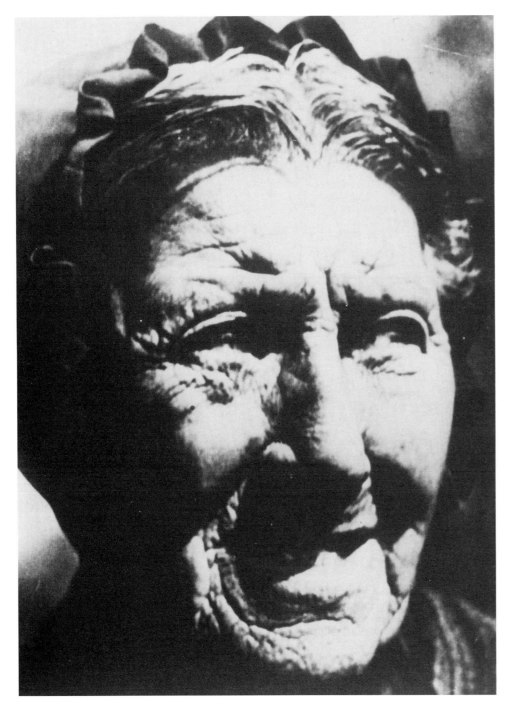

Hoppen-Ziska (1846 — 1935). Man kann nicht von Alt-Deuten berichten, ohne seines weit über die Grenzen Deutens und Wulfens hinaus bekannten Originals zu gedenken. Noch heute sind die Geschichten, die sich um die Franziska Hoffmann mit ihren drei Söhnen, Bennard, genannt Kolumbus, Teddor und Alwis ranken, nicht verstummt. Sie bringen die Zuhörer immer wieder zum Schmunzeln und Lachen.

Die Wacholderheide am Weg durch die Witten Berge von Deuten nach Rhade.

Der Kirchplatz in Rhade mit der Südwestansicht der Urbanuskirche.
(Foto von 1926)

Rhade, Bauernhaus (Joh. Finke) am Kirchplatz in Rhade.
(Foto von 1926)

Das Michaelisstift in Lembeck. Der Kapelle, 1726 durch die Herrin von Schloß Lembeck, und Witwe des Dietrich von Westerholt erbaut, wurde 1738 ein Pflegeheim für Kranke und Arme angefügt, das aber nach sechs Jahren mit dem Tod der Gräfin wieder seine Pforten schloß. Erst 1841/42 wurden nach Restaurierung und Ausbau der Gebäude dort wieder durch den Grafen Ferdinand von Merveldt und seine Gattin Sophie, einer Schwester des bekannten Mainzer Bischofs von Kettler, ein Krankenhaus und ein Kinder- und Altersheim eingerichtet.

Das Wehr der Rhader Mühle.
(Foto H. J. Holz)

Ein Gruß aus Lembeck aus dem Jahre 1901.

Die Laurentiusschule im Jahre 1927.

Ansichten der spätgotischen, wohl im 15. Jahrhundert erbauten Laurentiuskirche in Lembeck von Nordosten im Jahre 1923.

Die Middlicher Mühle. Über dem Eingang befindet sich ein Stein mit der Inschrift:
„A.D. 1557 GALT EN SCHEPEL ROGEN EN GOLDGÜLD"
Seit 1958 wird die Mühle von dem katholischen Jugendbund Neudeutschland als Tagungsstätte und als Jugendherberge genutzt.

Ansicht von Südwesten auf Lembeck (Foto H. J. Holz). Die im Vordergrund des Bildes stehenden Getreidegarben erinnern daran, daß auch heute noch ein nicht geringer Teil der Dorstener Bevölkerung eng mit der Landwirtschaft verbunden ist. — Die nächsten Bilder zeigen darum noch einmal Arbeitsweisen in der Landwirtschaft, wie sie noch vor wenigen Jahren üblich waren.

Pflügender Bauer
(Foto H.J. Holz, Deuten)

Heuernte

Frühstückspause bei der Roggenernte.

Dreschen mit Hilfe einer Dampf-
kesselmaschine.

Schloß Lembeck nach einem alten
Stich.

Luftaufnahme des im 17. Jahrhundert erbauten Schlosses. Die ältesten Teile der Mauern reichen bis zum 15. Jahrhundert zurück.

Schloß Lembeck, Portal an der Ostseite des Herrenhauses.

Wegekreuz von 1856 an der Straße von Lembeck nach Wulfen, etwa 1 km südlich vom Schloß.

Die Wienbecker Mühle beim Gehöft Brunn gelegen, die bedauerlicherweise am 5. August 1975 einem Brand zum Opfer fiel.

Die Scheune des Gehöftes Brunn zeigt einen schönen, jedoch für unsere Gegend nicht üblichen doppelten Torbogen am Eingang.

Südwest-Ansicht von Wulfen mit der Matthäuskirche um 1935.

Ein Kartengruß aus Wulfen aus dem Jahre 1903.

Ein Gruß aus den dreißiger Jahren. Oben rechts die alte Matthäusschule.

Das „neue" und das „alte" Amtshaus. Das letztere diente bis 1975 noch als Standesamt. 1981 wurde es abgerissen.

Die alte Volksschule an der Dülmener Straße mit der Mädchenoberklasse von 1912.

Inneres der Matthäuskirche in Wulfen vor der Zerstörung.

Die Matthäuskirche erhielt am 19. Juni 1932, anläßlich des 50jährigen Priesterjubiläums von Pfarrer Conermann, eine neue Glocke, dem hl. Josef geweiht.

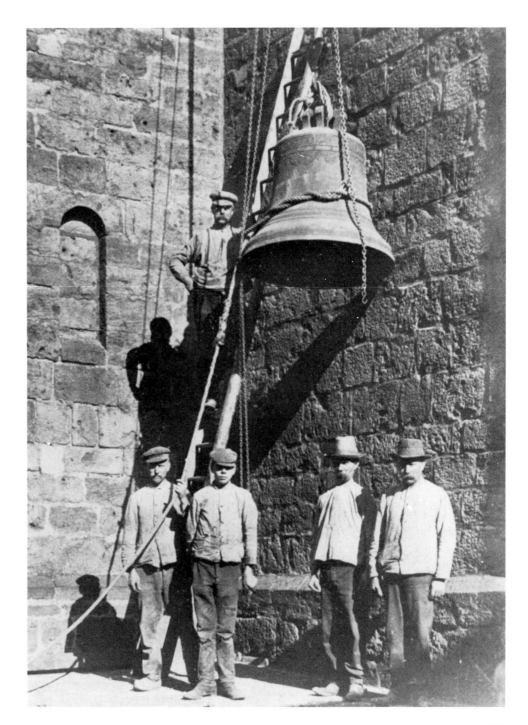

Die Matthäuskirche nach ihrer Zerstörung vom 22. März 1945.

Eine Erinnerung an Wulfens, bzw. Dorstens letzte Brauerei, die 1879 gegründete Rosebrauerei.

Die Hervester Windmühle um 1929/30.

Der Turm der Pauluskirche in Hervest, wahrscheinlich am Ende des 12. Jahrhunderts erbaut, dürfte wohl Dorstens ältestes Bauwerk sein.

Pauluskirche, Ostseite des Chores, Foto von 1895.

Der übliche Kartengruß aus der Zeit der Jahrhundertwende.

Die Josefschule um 1930.

Die Schachtanlage Fürst Leopold, wie sie wohl ausgesehen hat, als 1913 dort die erste Kohle gefördert wurde.

Die gleiche Schachtanlage in den dreißiger Jahren.

Am Brunnenplatz um 1930.

Die Loreysche Mühle, die 1912 abgebrannt ist.

Zeitungsausschnitt Dorstener Wochenblatt vom 5.8.1912:
— Bericht über den Brand der Loreyschen Mühle —

d Dorsten, 4. Aug. Heute morgen ertönten gegen 5 Uhr die Brandsignale. In der Lorey'schen Sägemühle in Hervest-Dorsten war aus unbekannter Ursache Feuer ausgebrochen, das sich schnell der Turmwindmühle mitteilte, die vollständig ausbrannte. Große Mengen Holz und Getreide wurden ein Raub der Flammen. Es gewährte einen schaurig-schönen Anblick, als die Flügel der Mühle brennend in sich zusammen stürzten, nachdem sie sich zuvor noch einmal gedreht hatten. Die herbeigeeilte Feuerwehr konnte nur wenig ausrichten, da bei der Trockenheit alles wie Zunder brannte und es auch an Wasser mangelte. Durch die Vernichtung der Mühle, die einen malerischen Anblick von der Lippebrücke aus bot, ist in dem Landschaftsbild eine große Lücke entstanden.

Die 1925 über dem neuen Lippebett errichtete Straßenbrücke. Im Hintergrund die Gebäude von Maria Lindenhof.

Zur Rückkehr in die Altstadt benutzen wir die Behelfsbrücke über den Kanal, die nach der Zerstörung Dorstens 1945 durch englische Streitkräfte errichtet wurde.

Das zerstörte Franziskanerkloster.
Ein Blick vom Markt aus.

Mit diesem Blick auf die Ruinen des Hauses Hasselmann, der Agathakirche und der zerstörten Stadtwaage beenden wir unsere Rundwanderung durch das alte Dorsten.

Dorsten in alten Bildern.
Kind